Es
Tu
Decisión

para Adolescentes

Es
Tu
Decisión
para Adolescentes

Guía de Sentido Común para Tomar Mejores Decisiones

AL FODERARO

Y DENISE SCHMIDT

authorHOUSE®

AuthorHouse™
1663 Liberty Drive
Bloomington, IN 47403
www.authorhouse.com
Teléfono: 1-800-839-8640

Primera publicación, Author House 07/18/2012

ISBN: 978-1-4772-4455-5 (sc)
ISBN: 978-1-4772-4454-8 (e)

Número de control de la biblioteca del congreso: 2012912905

Impreso en los Estados Unidos de América.

Todas las personas retratadas en las imágenes de archivo proporcionadas por Thinkstock son modelos y dichas imágenes se utilizan sólo con fines ilustrativos.
Ciertas imagines de archivo © Thinkstock.

Este libro se Imprimió con papel sin ácidos.

ÍNDICE

INTRODUCCIÓN:
LOS AÑOS DE TU ADOLESCENCIA

Los años de tu adolescencia son un puente entre la niñez y la adultez. Esos años son el momento perfecto para la autoevaluación, la planificación de una carrera y el desarrollo personal. Son años llenos de grandes expectativas y grandes posibilidades.

Durante los años de tu adolescencia, se te pedirá que tomes algunas decisiones muy importantes. ¿Qué vas a hacer después de graduarte de la preparatoria? ¿Qué quieres ser cuando seas grande? Antes de poder responder estas preguntas, te conviene formularte algunas otras. ¿Qué te gusta hacer? ¿Para qué eres bueno? Si tomas en consideración estos tipos de preguntas antes de terminar la preparatoria, estarás mejor preparado para tomar decisiones sobre tu vida después de tu graduación.

Comienza pronto

Las decisiones que tomes durante la adolescencia tendrán un impacto importante en tu vida como adulto. El comenzar el proceso de planificación de tu carrera al principio de tu adolescencia te dará tiempo para reunir información sobre ti mismo y las oportunidades que te rodean. Cuanto más te esfuerces en tomar buenas decisiones académicas y de carrera, más brillante será tu futuro.

A medida que pasan los años de tu adolescencia, te harás menos dependiente de tus padres y otros adultos. Comenzarás a tomar decisiones acerca de tu futuro y comenzarás a poner en práctica tus elecciones. Sin embargo, primero deberás aprender a tomar decisiones. Cuando entiendas el proceso, podrás comenzar a emplearlo en tu vida diaria. Es simple, es sencillo y funciona.

Toma tus propias decisiones

Los adolescentes que no quieren tomar sus propias decisiones dependen con demasiada frecuencia de que otras personas decidan por ellos. Desafortunadamente, los otros no siempre hacen lo que es mejor para nosotros. Si tomas tus propias decisiones te sentirás más satisfecho y seguro de las elecciones que hayas hecho. Acepta la responsabilidad por tomar las decisiones académicas, profesionales y personales que te esperan.

Aprende a tomar decisiones

Es tu decisión (para adolescentes) te ayudará a tomar las decisiones de la manera adecuada: con cuidado y a consciencia. Durante los decisión tu adolescencia, te esperan decisiones a la vuelta de cada esquina. No puedes evitarlas y no puedes dejar que otros las tomen por ti. No hablamos de las decisiones muy simples que tomas todos los días como qué ropa ponerte o qué película ver. Queremos ayudarte a tomar lo que llamamos decisiones "importantes". Las decisiones importantes son las que darán forma a tu futuro. Incluso ahora, las decisiones que tomes acerca del tipo de estudiante que eres, quiénes son tus amigos y qué hacer en tu tiempo libre pueden marcar una diferencia en tu vida.

Las decisiones más importantes son las que tomes a partir de ahora. Ten especial cuidado al tomar decisiones importantes. Tom alas decisiones adecuadas ahora y te alegrarás más delante de lo que hiciste.

💡 Preguntas para pensar

1. ¿Tomas tus propias decisiones o dependes de que otros tomen tus decisiones?

2. ¿Qué te influye cuando tomas decisiones?

3. ¿Por qué dejar que otros tomen tus decisiones podría tener consecuencias negativas?

4. ¿Qué buenas decisiones has tomado en el último año?

5. ¿Qué malas decisiones has tomado?

6. ¿Qué podrías haber hecho diferente para convertir las malas decisiones en buenas?

💬 Tus comentarios

_____
_____
_____
_____
_____
_____
_____
_____
_____
_____
_____

ANTES DE LO QUE PIENSAS

La buena noticia es que, como adolescente, puedes aprovechar los próximos años para aprender más acerca de ti mismo y de los empleos y carreras que podrías disfrutar más adelante. Al reunir esa información ahora, cuando llegue el momento de tomar decisiones sobre tu educación o sobre a qué deseas dedicarte cuando crezcas, podrás elegir lo que te convenga.

No cometas el error de creer que tienes mucho tiempo para hacerlo y olvidarte de ello durante meses o incluso años. Entre este momento y cuando termines la preparatoria, tendrás muchas oportunidades de hacer y aprender cosas que te darán incluso más opciones más adelante. Mantente atento a esas oportunidades y aprovéchalas porque, antes de lo que piensas, tendrás que tomar decisiones y hacer elecciones que comenzarán a dar forma a tu vida.

Mantente enfocado

Es importante tener presente tu futura mientras pasas de un año a otro. Piensa en quién eres, cómo estás cambiando y qué significa eso cuando se trata de ir a la universidad o trabajar después de la preparatoria. Quizá te convenga utilizar una lista de verificación, como la siguiente, como guía. Te ayudará a llevar el registro de lo que has hecho y qué necesitas hacer para poder tomar esas decisiones. Registra tus logros y controla tu avance. Observa qué has hecho y haz planes para el año siguiente.

🔆 Preguntas para pensar

1. ¿Cuáles son tus planes después de la preparatoria? ¿Irás a la universidad? ¿A trabajar?

2. A tu parecer, ¿por qué tendrás éxito?

🗨 Tus comentarios

_____
_____
_____
_____
_____
_____
_____
_____

LISTA DE VERIFICACIÓN DE DESARROLLO PERSONAL

Estudiante_____**Consejero escolar**_____

Aborda cada tarea a medida que corresponda con tu grado escolar. Cuando las hayas completado, tilda las tareas y recuerda que no todas corresponden a todos los grados y quizá te convenga repetir algunas. Tu consejero escolar será de gran ayuda para guiarte por el proceso.

Grados 6-12

Desarrollar un equipo de éxito personal	6__ 7__ 8__ 9__ 10__ 11__ 12__
Adoptar un inventario de intereses	6__ 7__ 8__ 9__ 10__ 11__ 12__
Explorar recursos en centro de carreras	6__ 7__ 8__ 9__ 10__ 11__ 12__
Usar Internet para explorar carreras	6__ 7__ 8__ 9__ 10__ 11__ 12__
Identificar el conjunto apropiado de carreras	6__ 7__ 8__ 9__ 10__ 11__ 12__
Conversar con adultos acerca de planes de carrera	6__ 7__ 8__ 9__ 10__ 11__ 12__
Ser mentor de otro estudiante	6__ 7__ 8__ 9__ 10__ 11__ 12__
Participar en actividades escolares	6__ 7__ 8__ 9__ 10__ 11__ 12__
Ser voluntario en actividades comunitarias	6__ 7__ 8__ 9__ 10__ 11__ 12__
Ocupar puestos de liderazgo	6__ 7__ 8__ 9__ 10__ 11__ 12__
Hacer una excursión relacionada con la carrera	6__ 7__ 8__ 9__ 10__ 11__ 12__
Asistir a presentaciones de empleadores	6__ 7__ 8__ 9__ 10__ 11__ 12__
Participar de un día de orientación profesional	6__ 7__ 8__ 9__ 10__ 11__ 12__
Escuchar a oradores sobre carreras	6__ 7__ 8__ 9__ 10__ 11__ 12__
Hablar con representantes de universidades	6__ 7__ 8__ 9__ 10__ 11__ 12__
Hablar con empleados del campo de interés	6__ 7__ 8__ 9__ 10__ 11__ 12__
Observar y seguir de cerca a un empleado	6__ 7__ 8__ 9__ 10__ 11__ 12__
Completar una muestra de formulario de solicitud de empleo	6__ 7__ 8__ 9__ 10__ 11__ 12__
Completar un formulario de solicitud de empleo real	6__ 7__ 8__ 9__ 10__ 11__ 12__
Aprender acerca del currículum vitae y completarlo	6__ 7__ 8__ 9__ 10__ 11__ 12__
Solicitar cartas de recomendación	6__ 7__ 8__ 9__ 10__ 11__ 12__
Participar de una entrevista de práctica	6__ 7__ 8__ 9__ 10__ 11__ 12__
Tener entrevistas para empleos reales	6__ 7__ 8__ 9__ 10__ 11__ 12__
Tener un empleo de medio tiempo o de verano	6__ 7__ 8__ 9__ 10__ 11__ 12__

Tus comentarios

_____

_____

_____

_____

_____

_____

_____

_____

_____

_____

Cosas que necesitas hacer

_____

_____

_____

_____

_____

_____

_____

_____

_____

_____

_____

MALAS DECISIONES, MALOS RESULTADOS

No nacemos sabiendo tomar decisiones, pero todos esperan que sepamos tomarlas y eso no tiene ningún sentido. Si hemos de tomar decisiones de la manera adecuada, entonces es necesario que se nos enseñe un proceso. Necesitamos aprenderlo y practicarlo al igual que otras habilidades, como la ortografía y la matemática o el tocar un instrumento. Esas habilidades se enseñan en la escuela pero, desafortunadamente, no se nos enseña a tomar decisiones. Más adelante en este libro, te mostraremos un proceso de seis pasos que te ayudará con cualquier decisión que tengas que tomar.

Buenas decisiones

Una decisión es buena solo si es la decisión adecuada para la persona que debe vivir con los resultados. Las personas que hablan sobre estar satisfechas con una decisión o hacer que resulte de la manera que querían tomaron el proceso con seriedad y lo pusieron en práctica por completo. Aprende a tomar decisiones responsables y a consciencia que conduzcan a las elecciones que te convienen.

Preguntas para pensar

1. ¿Qué tipo de persona eres para tomar decisiones?

2. ¿Alguna vez te enseñaron a tomar una decisión?

3. ¿Qué tipo de proceso utilizas cuando estás tomando decisiones importantes?

Tus comentarios

_____

_____

_____

_____

_____

_____

¿QUÉ TIPO DE VIDA?

Pregúntale a una persona más grande (un abuelo, tío, amigo de la familia, vecino) "¿qué tipo de vida has vivido?" y escucha con atención la respuesta. ¿La respuesta es "Viví una vida excelente" o "no he tenido una vida muy buena en absoluto"? ¿Cuál querrías que fuera tu respuesta? La mayoría de nosotros quiere una vida satisfactoria y llena de cosas buenas, así que ¿cómo puedes hacer que eso suceda?

Recuerda las decisiones que has tomado

En la secundaria, puedes recordar las ideas que tenías sobre el trabajo y la educación cuando estabas en la escuela media y darte cuenta de cuánto ha cambiado tu forma de pensar. Quizá las clases a las que hayas asistido, la gente a la que hayas conocido y los intereses que te hayan llamado la atención hayan llevado tus objetivos profesionales en direcciones nuevas y diferentes.

Al final de cada capítulo de este libro, hay preguntas para ayudarte a entender qué has leído y generar una interpretación personal a partir de ello. Es importante que respondas las preguntas con sinceridad. Quizá te convenga recordar cómo respondías las preguntas cuando estabas en la escuela media. ¿Cómo cambió tu forma de pensar y qué has aprendido acerca de ti mismo?

Lleva un diario

Quizá te convenga llevar un diario personal con los pensamientos que tengas al final de cada capítulo. Actualiza tus respuestas a medida que cambien tus necesidades, deseos, intereses, valores y capacidades. Eso te dará una idea de cómo te sientes con respecto los aspectos clave de tu vida y cómo esos sentimientos pueden afectar las decisiones que todavía tienes que tomar.

¿Estás contento con tu vida?

¿Qué tipo de vida deseas vivir en este momento? ¿Hay algo que desearías poder cambiar? A pesar de que el cambio no sea fácil, podría valer la pena si quieres estar más contento con tu vida. Recuerda que elegir no hacer cambio alguno también es una decisión. ¿Quieres contentarte con cómo están las cosas o quieres mejorar tu vida?

Preguntas para pensar

1. ¿Cómo te sientes con respecto a tu vida en este momento?

2. ¿Qué cambiarías de ella si pudieras?

3. ¿Qué decisiones podrías tomar ahora para que tu vida mejore en el futuro?

Tus comentarios

_____

_____

_____

_____

_____

_____

_____

_____

_____

_____

_____

Cosas que necesitas hacer

_____

_____

_____

_____

_____

_____

_____

_____

_____

TOMA TUS PROPIAS DECISIONES

Pídele a un adulto que te cuente sobre su vida y es probable que te hable sobre parte de su vida que no resultó como esperaba. Pudieron haber sido empleos, relaciones, mudanzas o quizá elecciones de universidad o de carrera. ¿Estaba contento con la decisión que tomó? ¿Dejó que otro tomara la decisión por él? ¿Desearía poder reconsiderar algunas decisiones? ¿Qué haría diferente para obtener resultados diferentes?

Una vida mejor

Cuantas mejores decisiones tomes, mayor probabilidad habrá de que tu vida te resulte aceptable. También lo opuesto es verdad. Si en todo momento tomas malas decisiones, es probable que termines en una vida que no es tan satisfactoria ni tan aceptable como quieres que sea.

Tu adolescencia es el momento para aprender, practicar y mejorar tus habilidades para tomar decisiones. Estarás mejor preparado para tomar decisiones importantes de la manera adecuada: con cuidado, a consciencia y con aplomo. Tomar decisiones no es difícil, y el proceso en sí no es complicado. Utiliza el proceso descrito más abajo en este libro y toma el control de tu vida. La persona que más se beneficiará serás tú.

Una habilidad para toda la vida

Si aprendes y practicas tu habilidad para tomar decisiones estarás mejor preparado para tomar las muchas decisiones importantes de vida que te esperan. El tomar decisiones afecta todas las áreas de tu vida y cuando aprendas el procedimiento, lo utilizarás una y otra vez.

Determina qué es lo que más te conviene

Las personas que aprenden el procedimiento para tomar decisiones pueden sin embargo seguir teniendo dificultades para tomarlas porque no deciden ni eligen sin involucrar y afectar a otras personas en su vida. La familia y los amigos ofrecen opiniones e influyen nuestras decisiones. Los padres y los docentes nos piden que expliquemos y defendamos las elecciones que hacemos.

Sus reacciones pueden afectar la confianza que sentimos cuando necesitamos tomar decisiones futuras. Podemos replantearnos nuestra decisión. Con práctica y compromiso de tu parte, el procedimiento de toma de decisiones descrito en los capítulos siguientes te dará la confianza que necesitas para seguir adelante con tus decisiones.

Cuándo comprometerte

La influencia de otras personas no es el único factor que puede afectar tu capacidad para tomar buenas decisiones. También pueden afectarte las circunstancias. A veces, hay acontecimientos fuera de nuestro alcance que hacen que nos resulte imposible poner en práctica nuestras primeras elecciones y nos fuerzan a tomar decisiones en base a compromiso. Por ejemplo, podrías decidir no participar en un deporte porque tu familia necesita que trabajes. Podrías rechazar una beca de una universidad de otro estado porque temes el impacto que pueda tener esa decisión en una relación. La necesidad de cuidar de un hermano menor o tu padre o madre enfermos podrían limitar tus opciones para la universidad.

Las circunstancias pueden limitar tus opciones y tus elecciones. Cuando eso sucede, tómate tiempo para revaluar y establecer nuevas prioridades para tus necesidades y deseos a la luz de las nuevas circunstancias. Reconsidera la información que has reunido y después avanza por el procedimiento de toma de decisiones hasta que estés cómodo con otra alternativa.

Preguntas para pensar

1. ¿Qué puedes aprender de otros acerca de tomar decisiones?

2. ¿Cuándo podrían ser útiles las opiniones de otros?

3. Describe un compromiso que hayas hecho recientemente.

4. ¿Por qué te comprometiste?

5. ¿Cuál fue el resultado de esa decisión?

6. ¿Tomarías la misma decisión de nuevo o tomarías una diferente?

Tus comentarios

_____

_____

_____

_____

_____

_____

_____

_____

_____

_____

_____

_____

EQUIPOS DE ÉXITO Y PLANES DE ÉXITO

¿Juegas al baloncesto o a otro deporte en equipo? De ser así, ¿crees que puedes ganar un partido solo? Si no juegas a un deporte, ¿has estado en una obra de teatro de la escuela o eres miembro de una banda o de un coro? ¿Puedes hacer todos los papeles de la obra o entretener en el entretiempo solo? ¿Si los hay, hay pocas ocasiones en la vida en las cuales una persona puede alcanzar el éxito por sí sola? Los equipos tienen entrenadores que ayudan a los jugadores a mejorar y los jugadores se apoyan los unos a los otros para ganar partidos.

Este tipo de éxito en equipo no solo se da en el campo de juego sino también en la vida. Para que tengas éxito en los estudios y en la vida, necesitas ser parte de un equipo que te brinde la ayuda y el apoyo que necesitas para superar obstáculos, académicos o personales, que puedan dificultarte alcanzar tus objetivos académicos o profesionales.

Sabe cuándo necesitas ayuda

Ni bien identifiques obstáculos, decide si puedes superarlos solo. De no ser así, obtén la ayuda que necesitas. Pedir ayuda no es una muestra de debilidad. En realidad es una muestra de madurez y demuestra a los demás que quieres tener éxito, eres serio y estás dispuesto a hacer lo necesario para mejorar tu vida. Deja que otros te ayuden. Recuerda que, si las hay, hay pocas ocasiones en las que podemos tener éxito solos.

Desarrolla un equipo de éxito y un plan de éxito

Si quieres alcanzar tus objetivos académicos y profesionales, piensa en crear un equipo de éxito y un plan de éxito. Hay personas en tu escuela y en tu comunidad que se preocupan por ti y quieren ayudarte a tener éxito. Invita a las personas que vayan a brindarte apoyo y a ayudarte a unirte a tu equipo a medida que vayas identificando y superando problemas personales y académicos que puedan estar en tu camino. Desarrolla esas relaciones y asegúrate de aprovechar los servicios de apoyo que tienes a tu disposición.

Ahora, mediante el Inventario de Equipo de Éxito y la Agenda de éxito para estudiantes de tu nivel de estudio, comienza a armar tu equipo de éxito y recoge la información que te ayudará a tomar las decisiones académicas importantes que te esperan.

INVENTARIO DE EQUIPO DE ÉXITO

Estudiante_____ Asesor de éxito principal_____

I. DETERMINAR LOS OBJETIVOS EDUCATIVOS Y VOCACIONALES

___Completar encuesta de interés
___Aclarar los objetivos educativos y profesionales
___Determinar la necesidad de una mayor educación

Miembros del equipo:

II. ASUNTOS ACADÉMICOS

Selecciona áreas en las cuales puedas necesitar ayuda.

___Asesoramiento académico	___Habilidades para estudiar
___Administración del tiempo	___Barrera lingüística
___Lectura	___Preocupación por los exámenes
___Selección de cursos	___Preocupación por la matemática
___Requisitos de título	___Preparación para el trabajo
___Asistencia a clase	___Preparación para entrevistas
___Habilidades de redacción	___Preparación del Currículum Vitae
___Notas	___Formulario de solicitud para el trabajo
___Ayuda de tutor	Otro:_____

Miembros del equipo:

III. ACTIVIDADES EXTRACURRICULARES

Seleccione actividades por las cuales pueda sentir interés.

___Deportes	___Organizaciones ad honorem
___Artes escénicas	___Clubes
___Puestos de dirigencia estudiantil	Otro:_____

Miembros del equipo:

IV. SUPERACIÓN DE POTENCIALES OBSTÁCULOS

Identifica obstáculos que te dificulten alcanzar tus objetivos educativos o vocacionales.

___Financieros   ___Transporte

___Relaciones   ___Empleo

___Vivienda   ___Cuidado infantil

Otro:_____

Miembros del equipo:

V. SALUD Y BIENESTAR

Toma en consideración cualquier preocupación de salud y bienestar que puedas desear enfrentar.

___Consumo de estupefacientes   ___Abuso de alcohol

___Desordenes alimentarios   ___Problemas de peso

___Embarazo   ___Problemas físicos

___Problemas de vista/oído   ___Falta de ejercicio

___Depresión   Otro:_____

Miembros del equipo:

VI. CIRCUNSTANCIAS PERSONALES

Toma en consideración cualquier problema personal o familiar que pueda interferir con tu capacidad para tener éxito en tus estudios.

___Integrante familiar desempleado   ___Falta de apoyo de tu familia

___Separación o divorcio de tus padres ___Integrante familiar encarcelado

Otro:_____

Miembros del equipo:

Pasos y líneas de tiempo

_____

_____

_____

_____

Preguntas para pensar

1. ¿Hay ciertos docentes u otros adultos a los cuales puedes recurrir con tus problemas o preguntas?

2. ¿Quién podría ayudarte a tomar decisiones profesionales?

3. ¿Quién podría ayudarte a tomar decisiones sobre tu educación?

4. ¿Qué podría evitar que alcances tus objetivos?

5. ¿A quién conoces que pueda ayudarte a superar estos obstáculos?

6. ¿A quién le pedirás que integre tu equipo de éxito?

Tus comentarios

_____
_____
_____
_____
_____
_____
_____
_____
_____
_____

Cosas que necesitas hacer

_____
_____
_____
_____
_____
_____
_____
_____
_____

AGENDA PARA EL ÉXITO ESTUDIANTIL: ESCUELA MEDIA

"¿Qué vas a ser cuando seas grande?" se convierte en una pregunta común cuando ingresas en la escuela media. No es demasiado temprano para tomar algunas decisiones que influirán tus elecciones educativas y profesionales. Los siguientes temas te ayudarán a identificar tus fortalezas, intereses y aptitudes. Después puedes comenzar a armar un plan educativo que te ayude a alcanzar tus objetivos.

Rasgos de personalidad

Descríbete.

_____

_____

_____

_____

_____

_____

Enumera tres características personales que te harían tener más éxito en tus estudios.

_____

_____

_____

_____

_____

_____

¿Cómo afectan tus notas de la escuela la manera en la que te sientes con respecto a ti mismo?

_____

_____

_____

_____

_____

¿Qué cualidades harían que tuvieras más éxito en tus estudios?

_____

_____

_____

_____

_____

Obstáculos al éxito

¿Qué problemas o situaciones están afectando tu comportamiento o tu capacidad para que te vaya bien en tus estudios?

_____

_____

_____

_____

_____

¿Con qué problemas en casa y en la escuela te vendría bien una ayuda?

_____

_____

_____

_____

Valores y objetivos

¿Qué es importante hacer bien en la escuela?

_____

_____

_____

_____

¿Qué planes tienes para tu educación y futura carrera?

_____

_____

_____

_____

Comunicación y habilidades de interrelación

¿Cuán buenas son tus habilidades comunicativas? ¿Escribes bien? ¿Hablas bien?

_____

_____

_____

_____

¿De qué maneras te interrelacionas con otras personas en la escuela? ¿Cómo le muestras a la gente que respetas y aprecias la diversidad?

_____

_____

_____

_____

_____

Describe tu comportamiento en la escuela.

_____

_____

_____

_____

_____

¿Te comportas de manera apropiada? Da un ejemplo de una ocasión en la cual hayas asumido responsabilidad por tus acciones.

_____

_____

_____

_____

_____

Intereses y pasatiempos

¿En qué actividades escolares o comunitarias participas?

_____

_____

_____

_____

¿De qué pasatiempos y actividades disfrutas en tu tiempo libre?

_____

_____

_____

_____

_____

¿Tienes algún interés especial?

_____
_____
_____
_____
_____

Enumera algunas de las cosas en las cuales eres particularmente bueno.

_____
_____
_____
_____
_____

Habilidades laborales

¿Qué habilidades o capacidades especiales tienes?

_____
_____
_____
_____

Logros

Enumera algunos logros, proyectos o actividades de los que te sientes orgulloso.

_____
_____
_____
_____

Aptitudes y estilos de aprendizaje

¿Cuáles son tus materias favoritas en la escuela? ¿Por qué te gustan?

_____
_____
_____
_____

¿En qué materias obtienes las mejores notas? ¿Por qué te va bien en ellas?

_____

_____

_____

_____

_____

¿Cómo asumes responsabilidad por tu aprendizaje? ¿Tu trabajo es aprender?

_____

_____

_____

_____

_____

_____

Describe tus hábitos de estudio.

_____

_____

_____

_____

_____

_____

¿Te has hecho una evaluación de estilo de aprendizaje? De ser así, ¿cuál es tu estilo de aprendizaje?

_____

_____

_____

_____

_____

¿Te va lo suficientemente bien en tus estudios como para alcanzar tus objetivos?

_____

_____

_____

_____

_____

De no ser así, ¿cómo planeas mejorar en tus estudios?

_____

_____

_____

_____

_____

Planes para después de la preparatoria

___Trabajo

___Carrera universitaria de dos años

___Carrera universitaria de cuatro años

___Milicia: rama_____

___Capacitación/aprendizaje laboral

___Instituto profesional/colegio vocacional

Otro:_____

Exploración profesional

¿Cuál es tu definición de carrera?

_____

_____

_____

_____

_____

¿Qué carreras estás tomando en consideración? ¿Qué grupo de carreras prefieres?

_____

_____

_____

_____

_____

¿Qué materias de la escuela son importantes en esas carreras?

_____

_____

_____

_____

_____

_____

¿Qué carreras *no* te interesan? ¿Por qué no?

_____

_____

_____

_____

_____

Resultados de evaluación vocacional

Nombre de evaluación	Fecha	Resultados

Actividades y tareas de desarrollo

___Agregar miembros al equipo de éxito

___Participar en actividades escolares

___Ser voluntario en actividades comunitarias

___Investigar carreras

___Ocupar puestos de liderazgo

___Conversar con padres/adultos acerca de planes de carrera

___Tener un empleo de medio tiempo o de verano

___Adoptar un inventario de intereses

___Participar en un día de orientación profesional

___Hacer una excursión relacionada con la carrera

___Observar y seguir de cerca a un empleado

___Escuchar a oradores de carreras

Cosas que necesitas hacer

_____

_____

_____

_____

_____

_____

_____

_____

_____

_____

AGENDA PARA EL ÉXITO ESTUDIANTIL: PREPARATORIA

Utiliza esta agenda para recoger información acerca de ti mismo. Después, cuando necesites tomar decisiones personales, educativas y profesionales, estarás listo. Asegúrate de actualizar la información cada año lectivo porque tus intereses y habilidades pueden cambiar.

Rasgos de personalidad

Es conveniente tener estos rasgos para la educación superior y en el lugar de trabajo. ¿Cuál de tus experiencias demostraría que tienes estos rasgos?

Responsabilidad:

_____

_____

_____

Autoestima:

_____

_____

_____

Sociabilidad:

_____

_____

_____

Integridad/honestidad:

_____

_____

_____

Cooperación:

_____

_____

_____

Valores y objetivos

¿Qué es importante hacer bien en la escuela?

_____
_____
_____
_____
_____

¿Qué es importante para ti en una carrera?

_____
_____
_____
_____
_____

Obstáculos al éxito

¿Qué problemas o situaciones están afectando tu comportamiento o tu capacidad para que te vaya bien en tus estudios?

_____
_____
_____
_____
_____

¿Con qué problemas en casa y en la escuela te vendría bien una ayuda?

_____
_____
_____
_____
_____

Comunicación y habilidades de interrelación

¿Cuán buenas son tus habilidades comunicativas? ¿Escribes bien? ¿Hablas bien?

_____
_____
_____
_____
_____

¿De qué maneras te interrelacionas con otras personas en la escuela? ¿Y en el trabajo? ¿Cómo le muestras a la gente que respetas y aprecias la diversidad?

_____

_____

_____

_____

_____

Describe tu comportamiento en la escuela.

_____

_____

_____

_____

_____

¿Te comportas de manera apropiada? Da un ejemplo de una ocasión en la cual hayas asumido responsabilidad por tus acciones.

_____

_____

_____

_____

_____

Intereses y pasatiempos

¿En qué actividades escolares o comunitarias participas?

_____

_____

_____

_____

¿De qué pasatiempos y actividades disfrutas en tu tiempo libre?

_____

_____

_____

_____

_____

¿Tienes algún interés especial?

_____

_____

_____

_____

_____

Enumera algunas de las cosas en las cuales eres particularmente bueno.

_____

_____

_____

_____

_____

Habilidades laborales

¿Qué aptitudes o habilidades posees que puedan interesar a un empleador?

_____

_____

_____

_____

Logros

Enumera algunos logros, proyectos o actividades de los que te sientes orgulloso.

_____

_____

_____

_____

Aptitudes y estilos de aprendizaje

¿Cuáles son tus materias escolares favoritas? ¿Por qué son las que más te gustan?

_____

_____

_____

_____

¿En qué materias obtienes las mejores notas? ¿Por qué te va bien en ellas?

_____

_____

_____

_____

_____

¿Cómo asumes responsabilidad por tu aprendizaje? ¿Tu trabajo es aprender?

_____

_____

_____

_____

_____

Describe tus hábitos de estudio.

_____

_____

_____

_____

_____

¿Te has hecho una evaluación de estilo de aprendizaje? De ser así, ¿cuál es tu estilo de aprendizaje?

_____

_____

_____

_____

¿Te va lo suficientemente bien en tus estudios como para alcanzar tus objetivos educativos y profesionales?

_____

_____

_____

_____

De no ser así, ¿planeas mejorar en tus estudios?

_____

_____

_____

_____

_____

Planes después de la preparatoria

___Trabajo   ___Milicia: rama_____

___Carrera universitaria de dos años   ___Capacitación/aprendizaje laboral

___Carrera universitaria de cuatro años   ___Instituto profesional/colegio vocacional

Otro:_____

Exploración profesional

¿Qué tipos de cosas son importantes para ti en una carrera?

_____

_____

_____

_____

_____

¿Qué grupo de carreras prefieres? ¿Qué carreras estás tomando en consideración?

_____

_____

_____

_____

_____

¿Qué materias de la escuela son importantes en esas carreras?

_____

_____

_____

_____

_____

Resultados de evaluación vocacional

Nombre de evaluación	Fecha	Resultados

Actividades y tareas de desarrollo

___Agregar miembros al equipo de éxito

___Participar en actividades escolares

___Ser voluntario en actividades comunitarias

___Investigar carreras

___Ocupar puestos de liderazgo

___Solicitar cartas de recomendación

___Asistir a una feria universitaria

___Completar formularios de solicitud de empleo

___Ser mentor de otro estudiante

___Conversar con padres/adultos acerca de planes de carrera

___Tener un empleo de medio tiempo o de verano

___Adoptar un inventario de intereses

___Observar y seguir de cerca a un empleado

___Hacer una excursión relacionada con la carrera

___Participar en un día de orientación profesional

___Participar en una entrevista de práctica

___Entrevistar a un empleado

___Completar formularios de solicitud universitaria

___Participar en entrevistas de trabajo

___Escuchar a oradores de carreras

Experiencia laboral (incluidas las experiencias como voluntario)

Empleador	Fechas	Tipo de trabajo	Habilidades

Documentación importante

____Transcripción de notas

____Credenciales de empleo: Competencias o certificados

____Currículum Vitae completo

____Copias de formularios de solicitud de empleo o universitarios completos

____Premios por logros especiales

____Lista de referencias

Exámenes estandarizados

_____

_____

_____

_____

_____

Cosas que necesitas hacer

_____

_____

_____

_____

_____

_____

_____

_____

_____

_____

TOMAR DECISIONES EN LAS SIETE ÁREAS IMPORTANTES DE LA VIDA

Para entender la función que desempeña el tomar decisiones en tu vida, toma en consideración las áreas que mayor repercusión tienen en la calidad de la vida de una persona. Como adolescente, es importante que comiences a familiarizarte con lo que puede llamarse las decisiones importantes de la vida.

Durante toda tu vida, tomarás decisiones en siete áreas importantes y las elecciones que hagas sobre la marcha definirán la calidad de tu vida y la dirección que ella tomará. Las decisiones más importantes son las que tomes a partir de ahora.

Conviértete en una persona eficiente a la hora de tomar decisiones, obtén un mayor control de tu vida y encuentra más satisfacción en las elecciones que hagas. Acepta responsabilidad por las decisiones que tomes. Comprométete a tomar decisiones deliberadas y a consciencia. Aprende, práctica y aplica el siguiente proceso de seis pasos. (Este proceso se explicará con mayor detalle en un capítulo posterior.) Tendrás mayor confianza en las decisiones que tomes y lograrás un mayor éxito académico, profesional y personal en tu vida.

¿Cuál es el proceso de seis pasos para tomar decisiones?

1. Define la decisión que debes tomar.
2. Evalúa tus necesidades y deseos.
3. Compila una lista de alternativas realistas.
4. Investiga cada alternativa.
5. Determina la mejor alternativa.
6. Establece un plan e impleméntalo.

Evalúa tu vida tal como está ahora

Si quieres crear una vida más plena, comienza por evaluar tu vida tal como está ahora. Toma en consideración, ahora y a lo largo de tu vida, si necesitar cambiar ciertos aspectos de ella. Piensa específicamente en las siete áreas importantes

Educación	Campo de estudio
Elección de carrera	Relaciones/amigos
Salud y bienestar	Pasatiempos
Entorno (vida y trabajo)	

Es más probable que las personas que toman buenas decisiones en las siete áreas importantes estén satisfechas con la vida que tienen. Por ejemplo, las decisiones iniciales que tomes en referencia a tu educación y tu campo de estudio desempeñarán un papel importante en la carrera que elijas, lo cual afectará tus entornos de vida y de trabajo, las relaciones que entables, tu salud y bienestar y cuánto tiempo libre tengas. El nivel de satisfacción que sientas en cada área determinará cómo te sientes con respecto a la vida que creas para ti.

Utiliza el procedimiento para tomar decisiones para organizar información relevante y definir alternativas aumentará tus posibilidades de elegir la mejor para ti. Toma buenas decisiones en las siete áreas importantes de tu vida y es probable que cuando te pregunten: "¿qué tipo de vida has vivido?" puedas responder: "¡viví una vida *excelente!*"

Preguntas para pensar

1. ¿Qué áreas importantes son de mayor importancia para ti ahora? ¿Por qué?

2. ¿Cómo describirías tu vida en el último año en lo que respecta a las áreas importantes?

3. Elige tres áreas importantes en las cuales hayas tomado decisiones recientemente: ¿qué resultados tuvieron tus decisiones?

4. ¿Hay algo que harías de manera diferente para cambiar los resultados?

Tus comentarios

_____

_____

_____

_____

_____

Educación

Es mucho más probable que los estudiantes que entienden la importancia de la educación y las funciones que puede desempeñar en sus vidas tengan éxito en sus estudios. Parte de entenderlo es pensar un poco a qué podrías querer dedicarte cuando fueras adulto. ¿Qué carreras u ocupaciones te interesan? ¿Para qué eres bueno? ¿Cómo definirás el éxito cuando seas adulto? ¿Por el dinero que ganes? ¿Por cuán feliz seas? ¿Por cuánto estatus, poder o prestigio tengas? ¿Por cómo tu trabajo ayude a otras personas y al medio ambiente? ¿Qué educación será necesaria? ¿Necesitarás más que una educación de preparatoria? ¿Necesitarás capacitación vocacional además o un título universitario?

No es tan importante que sepas exactamente a qué quieres dedicarte o qué quieres ser como que entiendas que sin educación tus opciones se verán limitadas. La educación abre puertas. La falta de educación las cierra. Mediante la educación, adquieres conocimiento y habilidades que te resultarán útiles en el trabajo y en la vida. Mantén la vista en tu futuro. Establece objetivos y después, cuando los hayas alcanzado, establece nuevos objetivos.

Preguntas para pensar

1. Pregúntales a las personas que no terminaron la preparatoria sobre sus decisiones de abandonar. ¿Cómo se sienten ahora con respecto a esas decisiones?

2. ¿Qué quieres hacer después de graduarte de la preparatoria?

3. ¿Qué empleos y carreras estás tomando en consideración?

4. ¿Cuánta educación requieren esas carreras?

5. ¿Cómo elegirás las carreras que serían adecuadas para ti?

6. ¿Qué recursos y qué personas pueden ayudarte a tomar esas decisiones?

Tus comentarios

_____

_____

_____

_____

_____

_____

_____

Campo de estudio

¿Por qué elegir un campo de estudio? ¿Por qué no dejar tus opciones por completo abiertas? A medida que maduramos y adquirimos experiencia de la vida, aprendemos más sobre nosotros mismos. Identificamos nuestras fortalezas y debilidades. Aprendemos qué nos interesa e, igual de importante, qué no queremos hacer. Ese conocimiento de nosotros mismos es información crítica al elegir una ocupación o una carrera.

Los grupos de carreras pueden ayudarte con tu exploración profesional y tu investigación aclarará, entre otras cosas, qué educación necesitarás. Después, a medida que avances con tus estudios, te convendrá elegir clases y un título principal que te conduzca a ocupaciones que te permitan tener éxito y sentirte satisfecho. Recuerda, además, que la educación es necesaria no solo para obtener un empleo sino también para mantenerlo y conseguir uno mejor. Si hemos de mantenernos al día con los avances tecnológicos y los desarrollos en el lugar de trabajo, es necesario que asumamos la responsabilidad personal de aprender toda nuestra vida.

🔆 Preguntas para pensar

1. ¿Cómo elegirás un campo de estudio?

2. ¿Qué campo de estudio te resulta más atractivo en este momento?

3. ¿Para qué empleos o carreras te preparará ese campo de estudio?

🗨 Tus comentarios

_____

_____

_____

_____

_____

Elección de carrera

Comienza el proceso de identificación de posibles carreras reuniendo dos tipos de información. La primera es información acerca de ti mismo, la cual puedes conseguir mediante una autoevaluación. El conocimiento que obtengas de la autoevaluación te ayudará a identificar alternativas de carrera y entornos laborales que estén en sintonía con tus intereses, habilidades y valores. Los instrumentos de autoevaluación son útiles cuando compilas y organizas estos datos.

Los inventarios de intereses, por ejemplo, se desarrollan en base a la teoría de personalidad de que las personas a las cuales les gustan y les disgustan cosas similares disfrutan de realizar tipos de trabajo similares en entornos similares. Los resultados del inventario de intereses te ayudarán a restringir las carreras que podrían ser adecuadas para ti. Pregúntale a tu consejero qué recursos de autoevaluación (por ejemplo, la búsqueda autodirigida, inventario de intereses fuertes) se encuentran disponibles mediante tu escuela o en Internet.

A continuación, te conviene reunir información acerca de carreras que sean compatibles con tus datos de autoevaluación. A pesar de que haya miles de ocupaciones, concentra tu investigación en las carreras que es más probable que las personas con tus rasgos de personalidad elijan. Utilizar los grupos de carreras te permitirá ser más eficiente con tu investigación porque identificarás sólo las carreras que se corresponden más directamente con quien eres. Tan solo encuentras el grupo de carreras que mejor se corresponda con tus intereses. Después de haber identificado el grupo que parece ser más adecuado para ti, estarás listo para comenzar tu investigación profesional.

Es importante que realices suficiente investigación e identifiques tantas carreras como puedas. Desgraciadamente, con frecuencia las personas limitan su investigación a unas pocas carreras que conocen e ignoran muchas otras posibilidades. En algún momento, te convendrá considerar otros temas, como el estilo de vida que ofrecen diferentes carreras y la demanda actual y futura de esas carreras. Por ahora, investiga ocupaciones para las cuales, según indican los datos de tu autoevaluación, serías adecuado.

Preguntas para pensar

1. ¿Cómo te describirías?

2. ¿Cuáles son tus intereses? ¿Cuáles son tus habilidades?

3. ¿Qué investigación de carreras has hecho hasta ahora?

4. ¿Por qué son importantes tanto la autoevaluación como la investigación de carreras a la hora de hacer una elección de carrera?

Tus comentarios

_____

_____

_____

_____

_____

Ambientes de vida y de trabajo

La manera en la que nos sentimos con respecto al lugar en el que vivimos y trabajamos puede tener una gran importancia sobre qué tan satisfechos estemos con nuestras vidas. El ambiente en el que vives incluye en qué parte del país vives, tu comunidad y vecindario, tu apartamento o casa y si vives en la ciudad o en el campo. ¿Cómo te sientes sobre el lugar en el que vives? ¿Hay cosas que desearías poder cambiar?

Nuestro ambiente laboral (sea de empleos de medio tiempo o de puestos profesionales) también afecta nuestra satisfacción con nuestras vidas. ¿Qué es importante para ti en un ambiente laboral? ¿Preferirías trabajar al aire libre o en interiores? ¿Preferirías moverte o estar fijo en un lugar? ¿Qué te resulta más atractivo: una empresa pequeña, mediana o grande? ¿Estarías más cómodo en una atmósfera causa o en una que sea más profesional? Cada empleo tiene un ambiente correspondiente. Tu objetivo es encontrar un puesto que te guste en un lugar en el que quieras pasar tu tiempo. Es probable que las personas que no tomen en consideración su ambiente laboral no sean felices, incluso cuando estén trabajando en ocupaciones que disfruten.

☀ Preguntas para pensar

1. ¿Cómo te sientes con respecto al ambiente en el que vives?

2. ¿Qué cambiarías de dicho ambiente si pudieras?

3. Si ya has tenido un empleo, describe tu ambiente laboral.

4. ¿Qué te gustaba y qué te disgustaba sobre ese ambiente laboral?

5. Si no has tenido un empleo, ¿qué crees que será importante para ti en tu ambiente laboral?

☁ Tus comentarios

_____

_____

_____

_____

_____

Relaciones

A menos que vivas solo en una isla, es muy probable que interactúes y desarrolles relaciones con una cierta cantidad de personas. La calidad de dichas relaciones puede desempeñar un papel importante en la determinación de qué tan satisfecho estés con tu vida. Cuando no eres feliz o no estás satisfecho con tu vida, puedes pasar por alto la función que pueden desempeñar las relaciones en esa insatisfacción. Dichas relaciones pueden tener influencias positivas y negativas en tu vida.

Dados los papeles importantes que otras personas desempeñan en tu vida, es importante que enfoques tus decisiones sobre las relaciones de la misma manera en la que enfocas otras decisiones importantes.

Preguntas para pensar

1   ¿Quiénes son las personas más importantes en tu vida?

2. ¿Quiénes son tus modelos a seguir? ¿Por qué son importantes para ti?

3. ¿Cómo te hacen sentir tus relaciones con tus compañeros?

4. Describe alguna ocasión en la que un amigo tuyo haya influido en tu decisión de manera que haya sido bueno para él pero no necesariamente para ti.

5. ¿A quién recurres en busca de ayuda para tomar decisiones importantes?

6. ¿Alguna vez has actuado en contra de la opinión de una de estas personas al tomar una decisión? ¿Qué resultados tuvo la decisión?

7. ¿En quién confiarías para que te ayude a planear tu futuro?

Tus comentarios

_____
_____
_____
_____
_____
_____

Salud y bienestar

Tu salud y bienestar físicos, además de tu bienestar intelectual, social y espiritual, tienen una significativa influencia en cómo te sientes con respecto a tu vida. Evaluar cada uno de tus problemas de salud y bienestar y tomar las decisiones correctas en dichas áreas mejorará tu actitud en otras áreas importantes de tu vida.

¿Estás satisfecho con tu aspecto físico o cómo te sientes? ¿Tienes problemas de autoestima debido a ello? ¿Se ven afectados tu actitud o tu comportamiento en otras áreas de tu vida? ¿Fumas, bebes alcohol o abusas de medicamentos? ¿Pesas lo que deberías pesar? ¿Comes alimentos saludables? ¿Haces ejercicio?

Tómate tu tiempo para evaluar tus hábitos personales, programar un examen físico anual y tratar las afecciones actuales. Evalúa tus comportamientos de bienestar personal. Adopta un estilo de vida más saludable. Toma decisiones a consciencia y haz selecciones bien informadas para tomar el control de tu salud y bienestar personales.

Preguntas para pensar

1. ¿Cómo afectan tu salud y tu bienestar qué tan satisfecho estás con tu vida?

2. ¿Qué decisiones has tomado que hayan afectado tu salud y tu bienestar de manera positiva?

3. ¿Qué decisiones han afectado tu salud y tu bienestar de manera negativa?

Tus comentarios

_____

_____

_____

_____

_____

Pasatiempos

Una vida satisfactoria es una vida equilibrada, y el tiempo libre puede aportar ese equilibrio en nuestras vidas. ¿Programas actividades de tiempo libre en tu rutina diaria o semanal? ¿Decides cómo quieres pasar tu tiempo libre o solo dejas que suceda sin estructura ni rutina? ¿Piensas en la escuela como un lugar aburrido? ¿La escuela es en verdad un lugar aburrido o lo es para ti? ¿La causa de tu aburrimiento es tu decisión de no involucrarte en actividades escolares?

Tener una vida activa en la escuela y en la comunidad es una manera excelente de conectarte con los estudiantes que tienen intereses en común contigo. Las actividades extracurriculares, como coro, orquesta, clubes y organizaciones de intereses especiales, teatro, dirigencia estudiantil y deportes internos o en equipo no solo pueden darte la oportunidad de desarrollar habilidades que serán valiosas en tu lugar de trabajo más adelante. Cuando menos, las actividades de grupo pueden aportar goce personal y darte la oportunidad de relajarte y ser tú mismo.

Preguntas para pensar

1. ¿Cuáles son tus pasatiempos?

2. ¿Qué intereses especiales tienes?

3. ¿Con qué actividades u organizaciones comunitarias estás involucrado?

4. ¿En qué clubes o actividades escolares participas?

5. ¿Qué organizaciones o actividades te gustaría probar?

6. ¿Cómo puede ayudarte más adelante el participar ahora en clubes u organizaciones?

Tus comentarios

_____
_____
_____
_____
_____
_____
_____
_____
_____
_____
_____

Cosas que necesitas hacer

_____
_____
_____
_____
_____
_____
_____
_____
_____
_____

UN PROCESO DE TOMA
DE DECISIONES EFECTIVO

Tomar decisiones exige un esfuerzo constante

Si en realidad estás comprometido con hacer las elecciones adecuadas y tomar las mejores decisiones para tu vida, entonces debes estar dispuesto a hacer un esfuerzo real en todo el proceso de toma de decisiones. Las personas que no logran tomar buenas decisiones suelen simplemente no estar dispuestas a comprometerse con la totalidad del proceso, lo cual limita sus posibilidades de lograr resultados favorables.

Algunas de las personas a las que les falta compromiso desearían dejar que otros tomen decisiones por ellos. Delegan la responsabilidad de sus decisiones a otros y después se quejan cuando son infelices por los resultados. Es importante aceptar responsabilidad de tomar tus propias decisiones. Aprender cómo utilizar con efectividad los seis pasos del proceso de toma de decisiones te ayudará a tomar decisiones como corresponde y aumentará tus posibilidades de lograr resultados positivos.

Seis pasos para la toma de decisiones

Tomar decisiones no es difícil, sin embargo con frecuencia la gente se siente confundida y abrumada cuando enfrenta decisiones importantes. Muchos carecen de la información que necesitan para tomar buenas decisiones porque omiten o ignoran partes importantes del proceso. Al completar cada paso, aumenta la probabilidad de que sus decisiones reflejen las alternativas que mejor satisfacen sus necesidades y deseos más importantes.

Las decisiones diarias y simples se toman de una manera un tanto automática. No obstante, cuando es necesario tomar una decisión más compleja, es importante cumplir con los siguientes pasos:

Paso 1: **D**efine la decisión que debes tomar.

Paso 2: **E**valúa tus necesidades y deseos más importantes.

Paso 3: **C**ompila una lista de altrenativas realistas.

Paso 4: **I**nvestiga cada alternativa.

Paso 5: **D**etermina la mejor alternativa.

Paso 6: **E**stablece un plan e impleméntalo.

D-E-C-I-D-E

Es muy importante que sigas cada paso del proceso si quieres estar satisfecho con los resultados. Muchas personas no están satisfechas con sus vidas porque, al enfrentar decisiones importantes, pasan por alto la importancia de seguir todos los pasos del proceso y, por lo tanto, tienen dificultades para elegir la mejor alternativa.

Aquellas personas que están más insatisfechas, suelen brincar del paso 2, identificar sus necesidades y deseos, al paso 5, elegir una alternativa. No recopilan la información que necesitan sobre sus alternativas para seleccionar las mejores opciones. Cuando te brincas pasos intermedios, la persona que toma la decisión es incapaz de determinar cuál alternativa es la mejor.

Paso 1. Define la decisión que debes tomar.

El primer paso del proceso de toma de decisiones es reconocer la necesidad de tomar una decisión. A qué universidad asistirás? ¿Cuál será tu título principal? ¿Necesitas encontrar un mejor empleo? ¿Eres infeliz en alguna relación importante? ¿Estás considerando cambiar de escuela? Incluso cuando la decisión que tengas que tomar sea compleja, necesitas poder escribirla. ¿Cómo se la expresas a otra persona? Eso puede parecer demasiado simple, pero es donde necesitas comenzar.

Paso 2. Evalúa tus necesidades y deseos más importantes

Para seleccionar tu mejor opción, necesitarás desarrollar un sistema de filtros personal. Esto consiste, básicamente, en generar la información que utilizarás como criterio para clasificar tus alternativas. Haz una lista de las necesidades y deseos más importantes para ti. Después, identifica los diez principales que utilizarás para filtrar y clasificar tus alternativas a cuenta de tomar tu decisión final. Abajo hay dos cuadros que te ayudarán a visualizar esta parte del proceso.

CUADRO DE MUESTRA DE DECISIÓN DE EMPLEO

	Necesidades/deseos	Opción A	Opción B	Opción C	Opción D
1.	Salario	x		x	
2.	Ambiente laboral	x		x	x
3.	Personas agradables		x	x	x
4.	Actividades laborales	x		x	x
5.	Desafíos/problemas		x	x	x
6.	Horario de fin de semana	x	x	x	
7.	Recompensas psicológicas		x		x
8.	Seguridad laboral	x		x	x
9.	Cerca de casa	x	x	x	
10.	Horario flexible			x	x
		60%	50%	90%	70%

CUADRO DE MUESTRA DE DECISIÓN DE UNIVERSIDAD

	Necesidades/deseos	Opción A	Opción B	Opción C	Opción D
1.	Programa de estudio	x	x		x
2.	Ubicación/ambiente	x		x	x
3.	Calidad académica	x	x	x	
4.	Costo	x		x	x
5.	Ayuda económica (becas)		x	x	
6.	Tamaño (7,500-12,000)	x	x	x	x
7.	Tamaño de clase (<35)	x		x	
8.	Cooperativa/pasantías	x			x
9.	Instalaciones	x	x		x
10.	Recreación/clubes	x		x	
		90%	50%	70%	60%

CUADRO DE TOMA DE DECISIONES

Decisión:_____

Criterios Más Importantes		**Alternativas**		
(Necesidades/deseos)	**Opción A**	**Opción B**	**Opción C**	**Opción D**
1.				
2.				
3.				
4.				
5.				
6.				
7.				
8.				
9.				
10.				
	____%	____%	____%	____%

Mejor alternativa:_____

Segunda mejor:_____

Tercera mejor:_____

Cuarta mejor:_____

Paso 3. Compila una lista de alternativas realistas.

La recopilación de información de autoevaluación es un componente importante del proceso de toma de decisiones; no obstante, también necesitarás reunir información acerca del tema de tu decisión para poder identificar todas las opciones posibles y realistas. Necesitarás investigar lo suficiente como para sentirte confiado de haber identificado las alternativas que satisfagan tus necesidades y deseos más importantes. Tendrás oportunidad de ampliar tus posibilidades más allá de las opciones obvias y descubrir otras que quizá nunca se te habían ocurrido. No es poco común que te sientas abrumado en esta parte del proceso. Solo recuerda que tu objetivo es ampliar tus alternativas más allá de la opción u opciones que ya conocías.

Paso 4. Investiga cada alternativa para reunir la información necesaria.

Después de haber identificado alternativas viables, necesitarás reunir información adicional específica de cada alternativa. Durante esta fase importante del proceso de toma de decisiones, analizarás cada alternativa con detenimiento y considerarás los pros y contras de cada posibilidad en base a tus necesidades y deseos más importantes, los cuales identificaste en el paso 2. Eso te ayudará a identificar la mejor alternativa.

Recuerda, no podrás identificar cuál es tu mejor opción a menos que sepas con cuales criterios intentas cumplir. Los criterios que identificaste se incorporaron a tu sistema de filtrado personal y te ayudarán a seleccionar la mejor alternativa.

Paso 5. Determina la mejor alternativa

Después de haber recopilado información sobre cada alternativa, elige la que, a tu parecer, cumpla mejor con los criterios más importantes para ti. Para eso, determina cuál de las alternativas cumple con tus necesidades y tus deseos más importantes. La alternativa que elijas será la que te ofrezca la mayor posibilidad de experimentar un resultado favorable.

Como quizá hayas supuesto, es posible que ninguna de las alternativas cumpla con tus necesidades y deseos más importantes. Sin embargo, deberías poder identificar la alternativa que cumpla con el porcentaje más elevado de tus criterios. La opción que cumpla con el 85 ó 90% de lo que necesitas para estar satisfecho, superará a las que cumplan con el 50, 60 ó 70% de tus deseos y necesidades. Tu objetivo es identificar la mejor alternativa de entre las que has investigado y que cumple con la mayoría de tus criterios, si no todos ellos, para esa decisión en particular.

Paso 6. Establece un plan e impleméntalo.

Desarrollar un plan de acción es el paso más importante de cualquier decisión. Es ese momento en el cual una persona que toma una decisión elije la mejor alternativa y acepta la responsabilidad por la decisión. Muchas personas terminan los pasos 1 al 5, pero después optan por no poner en práctica sus decisiones. Pueden sentirse abrumados, aterrados o incapaces de terminar el proceso. Otros solamente pudieran no permitirse el poner en práctica sus decisiones.

Debe sestar consciente del hecho de que no tomar una decisión es, en sí, una elección. Al elegir no hacer nada, has decidido que la mejor alternativa es aceptar el estatus quo. ¿No estás dispuesto a cambiar? ¿Temes pasar a una situación nueva? ¿No hacer nada es una opción aceptable? De no ser así, trabaja para superar lo que se interponga en tu camino. Quienes terminan todos los pasos del proceso de toma de decisión avanzan con confianza y pueden establecer un plan de acción que incluye objetivos y líneas de tiempo para implementar sus decisiones.

Si el resultado de una decisión es diferente a lo que esperabas, una modificación simple puede producir los resultados que buscabas. Es posible que te llame la atención nueva información que te dé una razón para cambiar tu decisión inicial o ajustar tu plan. Eso no solo es aceptable, sino aconsejable. El hacer ajustes, incluso después de haber comenzado a implementar tu plan, con frecuencia hará que un buen plan sea mejor.

💡 Preguntas para pensar

1. ¿Cuándo utilizaste el proceso de toma de decisiones de seis pasos para tomar una decisión importante?

2. ¿Qué tan bien te sirvió el proceso?

3. ¿Qué paso te resultó más difícil? ¿Cuál fue el más útil?

4. ¿Quisiste saltar ciertos pasos del proceso? ¿Cuáles y por qué?

5. ¿Qué medidas tomaste para implementar tus decisiones?

Tus comentarios

_____
_____
_____
_____
_____
_____
_____
_____
_____
_____

Cosas que necesitas hacer

_____
_____
_____
_____
_____
_____
_____
_____
_____
_____

SALIDA CORRECTA, CALLE CORRECTA

No siempre es fácil entender el concepto de grupos de carreras. Una manera de visualizar los conceptos es imaginar que estás conduciendo un vehículo en una carretera importante que tiene muchas salidas. Cada salida representa un grupo de carreras diferente. Por ejemplo, la Salida 1 podría ser Negocios, la Salida 2, Salud, la Salida 3, Ingeniería, la Salida 4, Educación, la Salida 5, Informática, etc. En las primeras etapas de tu exploración profesional, te conviene tomar la salida qué te parezca más atractiva.

Después de haber elegido una salida, te conviene concentrarte en una ocupación particular dentro del grupo que hayas elegido. Para hacerlo, piensa que la salida te lleva a un vecindario. Mientras conduces por el vecindario, las calles que pasas representan ocupaciones específicas dentro del grupo más amplio. Por ejemplo, si tomas la salida de negocios y te diriges al vecindario de negocios, es posible que te cruces con calles llamadas Avenida Contabilidad, Calle Gerencia, Carretera Bienes Raíces, Callejón Seguros, Camino Emprendimiento Empresarial, Calle Recursos Humanos, Pasaje Ventas y Mercadotecnia, Plaza Economía y GlorietaFinanzas. Encuentra la calle que mejor represente el ambiente en el cual te sientes más cómodo. La calle también puede darte una indicación de a qué campo de estudio quizá puedas dedicarte.

Al elegir tu calle, piensa en los intereses, habilidades y valores que quieres poder expresar en tu lugar de trabajo. Encontrar la ocupación adecuada significa encontrar un entorno que te dé la oportunidad de expresarte y un empleo que te permita hacer el mejor uso de tus talentos. Tu objetivo es que te paguen por hacer algo de lo que disfrutas en un entorno en el cual te sientas cómodo mientras trabajas con personas que tienen intereses similares a los tuyos.

La calle correcta, la casa correcta

Encontrar la salida correcta y la calle correcta es importante, pero todavía tienes que considerar en qué casa de esa calle quieres vivir, lo cual representará en qué puesto encajas mejor en el mundo laboral. Las personas que viven en esa casa son aquellas con las cuales podrás relacionarte mejor. Digamos que tomas la salida Educación y giras en la Avenida Docente. Quizá te interese trabajar con niños pequeños, por lo cual elegirás la casa donde viven los profesores de escuela primaria en lugar de las casas donde viven profesores de preparatoria o profesores universitarios. Entonces un título principal de educación primaria pasa a ser una opción académica lógica para tu campo de estudio.

El concepto de carretera, salida, calle y casa te ayudará a visualizar los ambientes en los cuales podrás expresar tus intereses, habilidades y valores. Te ofrece una manera simple de entender con mayor claridad qué necesitas hacer para identificar las opciones académicas y profesionales adecuadas para ti.

Ocupación correcta, ubicación equivocada

A veces, las personas están en las ocupaciones correctas pero en los lugares equivocados. En otras palabras, no son infelices con sus selecciones de educación o sus profesiones pero están descontentos con sus empleos actuales. Algunos buscan asesoría o se inscriben en clases de desarrollo profesional y, después de cierta autoevaluación seria y exploración profesional, se dan cuenta de que simplemente no están en el lugar correcto. Si crees estar eligiendo el grupo de carreras correcto, pregúntate: "dentro de ese grupo, ¿cuál sería el mejor ambiente para que yo trabaje?" No basta con identificar una ocupación o un empleo en particular. Es igual de importante encontrar el entorno laboral correcto.

Si eres infeliz, haz algo para cambiar

Tienes un empleo de medio tiempo que no te gusta, pero optas por quedarte en él. Te comprometes, aceptas las cosas como están. No hacer nada para mejorar tu situación actual es una decisión. Cuando decides permanecer en una situación insatisfactoria, estás decidiendo no cambiar. Tu decisión es intencional y deliberada. Es muy probable que las consecuencias de permanecer donde estás te conduzcan a tener sentimientos cada vez más intensos de insatisfacción con el componente laboral de tu vida. Te debes a ti mismo, y quizá a tu empleador, buscar un nuevo empleo.

Preguntas para pensar

1. ¿Cuáles pruebas de intereses pueden ayudarte a identificar ocupaciones que podrían gustarte?

2. ¿Cómo puede ayudarte el concepto de carreteras/salidas/vecindarios/casas a elegir una ocupación o un campo de estudio?

3. ¿Hay cosas de tu vida que no te gustan? ¿Qué estás haciendo para cambiarlas?

4. ¿Alguna vez has evitado tomar una decisión y después lo has lamentado? ¿Cuál fue la situación y por qué te lamentas?

Tus comentarios

_____
_____
_____
_____
_____
_____
_____
_____
_____
_____

Cosas que necesitas hacer

_____
_____
_____
_____
_____
_____
_____
_____
_____
_____

LA DECISIÓN DE TENER ÉXITO CON LOS ESTUDIOS

¿Qué decisiones necesitas tomar para ser un estudiante exitoso? Aprovecha al máximo tu habilidad y alcanza el nivel más elevado de educación que puedas. El conocimiento no sólo hace que puedas conseguir empleo, sino también te ayudará a conservarlo. Sin importar qué campo educativo elijas, si optar por tomar cuatro decisiones simples, podrás ser un estudiante más exitoso.

Ve y participa

La primera elección es la más simple, pero con frecuencia es la razón por la cual a los estudiantes les va mal en sus estudios. Haz de esta decisión la más importante, por más simple que suene. Ve a la escuela y ve a clases. ¡No puedes tener éxito si faltas! Sin embargo, estar físicamente presente no es suficiente. Necesitas estar mentalmente presente. Si vas a aprender, necesitas prestar atención y participar. Si no estás concentrado en la clase, no estás aprendiendo. Mantente atento. Aprende algo nuevo cada día en cada clase.

Pide ayuda en cuanto sepas que la necesitas

La segunda decisión que toman los estudiantes exitosos es pedir ayuda en cuanto saben que la necesitan. Cuando te des cuenta de que estás teniendo problemas con una lección o un curso, pide ayuda a tu profesor, un amigo o un tutor. Aprovecha los servicios de ayuda académica disponibles en tu escuela y en tu comunidad. Puedes superar los obstáculos de aprendizaje, pero solo tú sabes cuándo es necesario dedicarse a ellos.

Hay demasiados estudiantes que tan solo no piden ayuda cuando la necesitan. Creen o quieren creer que pueden resolver el problema solos. Buscar ayuda no es señal de debilidad, sino todo lo contrario. Los estudiantes inteligentes son los que saben cuándo necesitan ayuda y la buscan. Pruébalo y verás cómo recibir ayuda puede convertirte en mejor estudiante.

Participa fuera del salón de clase

Tu tercera decisión es participar. Conviértete en un participante activo de actividades fuera del salón de clase. Al participar en clubes y organizaciones en los que hagas aquello de lo que disfrutas puedes desarrollar habilidades útiles para tu vida. Para obtener el máximo beneficio posible, esfuérzate por mejorar el club. Desarrollarás habilidades y cobrarás mayor confianza. Eso te resultará importante cuando te pidan que te describas en una entrevista de trabajo, porque los entornos laborales son como clubes en muchos aspectos. Los empleadores que se enteran de que tenías participación activa y te involucrabas en actividades supondrán que serás así también en el trabajo. Mediante los clubes y las organizaciones, obtienes experiencia, desarrollas relaciones y adquieres habilidades que son importantes en el lugar de trabajo.

Termina lo que comiences

La cuarta y última decisión que toman los estudiantes exitosos es terminar. Termina lo que comiences. Termina tus tareas, termina cada curso, termina el semestre y termina los estudios para obtener tu título. Demasiados estudiantes abandonan los estudios. Dejan de estudiar por una gran cantidad de razones, buenas o malas, pero cualquiera sea la razón, es una decisión de gran importancia.

Habla con alguien que haya abandonado la preparatoria o que haya comenzado la universidad y haya abandonado antes de terminar. Sus historias te darán toda la motivación que necesitarás para seguir con tus estudios. El mercado laboral de hoy en día prácticamente exige un diploma de preparatoria y, en muchos casos, un título o certificado de estudios postsecundarios. Determina qué nivel de educación necesitarás para tener éxito con la carrera que hayas elegido y no te detengas hasta obtenerlo.

Si todavía no estás convencido sobre el valor de la educación, prueba el siguiente experimento: Pídele a las personas que consideras exitosas que te digan qué piensan sobre la educación. Después formula la misma pregunta a personas desempleadas o que tienen puestos que consideras poco atractivos, mal pagados o poco desafiantes. Pregúntales a todos qué tipo de estudiantes fueron. Si fueron malos estudiantes o abandonaron los estudios antes de terminar la preparatoria, pregúntales si desearían haber seguido estudiando y esforzarse más. Si tuvieran otra oportunidad, ¿abordarían la educación de una manera diferente?

Lo que decidas hacer en términos de educación es una de las decisiones de vida más importantes que tengas que tomar. Tu decisión afectará de manera importante en el tipo de carrera y de vida que tengas. ¿En qué medida estás dispuesto a comprometerte con tu educación?

💡 Preguntas para pensar

1. ¿Cuáles cuatro decisiones importantes deberías tomar para tener éxito en tus estudios?

2. ¿Cuáles de esas decisiones ya has tomado?

3. ¿Hay obstáculos que te impidan tomar las otras?

4. ¿Qué nuevas decisiones necesitas tomar?

5. ¿Has pensado en no terminar la preparatoria? De ser así, ¿has hablado con un adulto sobre las consecuencias?

💬 Tus comentarios

_____

_____

_____

_____

_____

_____

_____

_____

_____

_____

_____

_____

✏️ Cosas que necesitas hacer

_____

_____

_____

_____

_____

_____

_____

_____

_____

_____

LA TOMA DE DECISIONES
Y LA BÚSQUEDA DE TRABAJO

Si tienes la edad suficiente como para tener un empleo de medio tiempo o de verano, el proceso de toma de decisiones puede aplicarse con facilidad a la búsqueda laboral. Si deseas encontrar un empleo que aproveche al máximo tus habilidades e intereses, comienza por identificar las necesidades y los deseos más importantes. Después, siguiendo con el proceso, identificarás, investigarás y seleccionarás alternativas de empleo. Ten en mente que tu éxito a la hora de obtener un empleo dependerá de qué tan bien puedas comunicar el valor de tus habilidades e intereses a tus futuros empleadores.

Analiza oportunidades potenciales

Para determinar tu valor potencial a un empleador, comienza por identificar y analizar oportunidades laborales potenciales. Cada puesto tiene una descripción que consiste en frases simples que resumen las actividades, tareas y funciones que debe poder desempeñar una persona para cumplir con los requisitos del puesto. Trata de relacionar tus aptitudes y habilidades con las funciones de los puestos que desees ocupar. Evalúate con sinceridad y por completo.

Concéntrate en las necesidades y los desafíos del empleador

Los empleadores querrán que cumplas con necesidades específicas de la empresa. Ellos identifican problemas, justifican necesidades y después llenan puestos. Tu desafío inicial es determinar qué necesita el empleador que el empleado haga por él. Cuando hayas comprendido eso, podrás verte no como una persona en busca de un empleo, sino como la respuesta a las necesidades del empleador. Después es sólo una cuestión de comunicar eso al empleador. Cuanto más persuasivo seas, más rápido conseguirás empleo.

Cuanto mayor sea la necesidad, mejor será el salario

La mayoría de la gente quiere que se le pague lo que cree que vale su trabajo. Los empleadores deben creer que eres competente y capaz de satisfacer las necesidades de la empresa. Si te ven como un beneficio y una solución a sus problemas, es posible que ganes lo que mereces.

Haz un inventario de tus experiencias pasadas

Analiza tus experiencias pasadas para determinar tu valor es probable que hayas adquirido y afinado tus aptitudes y habilidades más importantes mediante trabajos como voluntario, puestos que hayas tenido, tus clases y las actividades relacionadas con la escuela.

Al pensar en lo que has hecho, podrás hacer un inventario de tus habilidades. Cuando sepas qué tienes para ofrecer a los empleadores, solo necesitarás comunicar con claridad y confianza tus virtudes. Al identificar con efectividad y después hablar sobre tus habilidades, podrás demostrar tu valor a los empleadores.

Llena una canasta imaginaria

Para evaluar tus experiencias pasadas, imagina que estás sosteniendo una canasta imaginaria en tus brazos. Ahora imagina que todo lo que hayas vivido está en esa canasta, incluidos los cursos que hayas hecho, los clubes de los cuales hayas formado parte, los empleos que hayas tenido, los equipos en los cuales hayas estado y las actividades en la cuales hayas participado.

No olvides poner tus destrezas y logros en tu canasta imaginaria también. No dejes nada afuera, porque las experiencias de tu canasta cuentan la historia de tu vida y representan tus momentos de mayor orgullo.

Saca lo mejor de tu canasta

Cuando tu canasta esté llena, comienza a separar los contenidos. ¿En qué habilidades eres más fuerte? ¿Qué experiencias son las más significativas? ¿Cuáles de tus logros interesarían a un empleador? ¿Qué logros demuestran habilidades que son importantes en el lugar de trabajo?

Para impresionar a un empleador, debes identificar aptitudes y habilidades específicas que hayas desarrollado y explicar cómo beneficiarán a la empresa. Ten listos ejemplos para demostrar que puedes hacer lo que dices que puedes hacer. Cuanto más convincente seas al describir cómo tus habilidades se corresponden con las habilidades necesarias para un puesto específico, mayores posibilidades tendrás de conseguir ese empleo.

¿Eres un barco con anclas?

Si tu canasta no te hace sentir confianza en tus habilidades, imagina por el contrario que estás en un barco, un barco de cualquier tipo: un crucero, un petrolero o un portaviones. Ahora imagina que estás viajando alrededor del mundo y en el camino llegas a un puerto. Tiras el ancla ya que deseas quedarte un tiempo. Como persona en busca de un empleo o estudiante en busca de un puesto de liderazgo en la escuela, eres muy parecido a un barco; en lugar de anclar en diferentes puertos, has estado navegando de una experiencia a otra, de un empleo a otro, de una actividad a otra. Tú, también, has arrojado anclas en forma de fortalezas: las aptitudes y habilidades que has utilizado para cumplir con trabajos y hacerlos bien. Así como las anclas mantienen a los barcos en los puertos, tus virtudes te ayudarán a conservar tu empleo o te harán un líder estudiantil más eficiente.

Reflexiona lo siguiente: cuando tuviste éxito en el pasado, ¿fue porque otros te identificaron como una persona con la habilidad para hacer el trabajo y te buscaron cuando necesitaban tus habilidades? ¿Eres redactor para el periódico de la escuela, un buen orador, un genio de la informática, director de una clase o de un club o un organizador? Si alguien te pidiera que enumeraras tus virtudes, ¿qué dirías? ¿De cuáles anclas hablarías? ¿Qué es lo que mejor haces y cómo podrían relacionarse tus anclas con un puesto o un empleo?

Da prioridad a tus virtudes

El siguiente paso es asignar prioridad a tus virtudes. Prepárate para hablar solo sobre tus habilidades superiores y tus logros más importantes. Por ejemplo, si sientes que has desarrollado fuertes habilidades de liderazgo al participar en actividades escolares, habla sobre tu experiencia más reciente. No te remontes a un ejemplo de la primaria si tienes uno más reciente del cual hablar. Te conviene que el entrevistador entienda cómo has desarrollado habilidades que podrías transferir con facilidad al entorno laboral.

Sé específico sobre tu valor

Más allá de los ejemplos de los que te valgas para promover tus habilidades, mantente enfocado en las necesidades del grupo o del empleador. Limita tus ejemplos a las experiencias en las cuales hayas cumplido con las necesidades de una organización o de un grupo. Te convendrá comunicar con claridad tu valor en términos de tus habilidades y conocimientos.

Comunica con claridad qué es lo que quieres

Evalúa tus experiencias pasadas e identifica tus virtudes, y tu confianza con seguridad crecerá. Podrás demostrar de una gran variedad de maneras por qué eres la persona mejor calificada para asumir una función importante. Las presentaciones enfocadas y confiadas mejorarán mucho tus posibilidades de tener éxito.

Prepárate para encontrar tu situación laboral ideal

Para muchas personas, el trabajo tiene una connotación negativa. Tienen terror a ir a trabajar cada día. No es necesario que tú seas una de esas personas. Tu objetivo debería ser algún día encontrar trabajo en un ambiente favorable donde puedas ser productivo, estar satisfecho en tus relaciones con tus compañeros y sientas gratificación por tu tarea. Si logras eso, habrás encontrado tu situación laboral ideal: se te pagará por hacer algo de lo que disfrutas y que haces bien.

🔆 Preguntas para pensar

1. ¿Por qué es importante considerar tus necesidades y deseos individuales cuando estés buscando empleo?

2. ¿Qué tienen que ver las habilidades y los intereses con la elección ocupacional?

3. ¿Por qué es importante hacer un inventario de tus experiencias pasadas?

4. ¿Por qué los empleadores se interesarán por esas experiencias?

5. ¿Qué experiencias podrías colocar en tu canasta para demostrar tus habilidades?

6. ¿Qué habilidades será importante que desarrolles?

7. ¿Cómo describirías tu situación laboral ideal?

💭 Tus comentarios

_____
_____
_____
_____
_____
_____
_____
_____
_____
_____

✏️ Cosas que necesitas hacer

_____
_____
_____
_____
_____
_____
_____
_____
_____
_____

PERSONALIDAD, HABILIDADES Y ELECCIONES DE CARRERA

La personalidad de un individuo puede tener una tremenda influencia en cómo esa persona encaja en una carrera particular, una ocupación o un empleo específico en un ambiente laboral particular. ¿Qué tipo de persona eres? ¿Qué función desempeñará tu personalidad en tu lugar de trabajo? ¿Tu personalidad influye en cómo realizas tus obligaciones laborales? ¿Qué repercusión podrían tener tus rasgos y características personales en tu satisfacción con respecto a la selección de carrera u ocupacional?

Piensa en una oficina o un departamento dentro de una empresa de la misma manera en la que pensarías sobre tu familia: la gente contrata a otras personas a quienes quieren en sus familias laborales. Esto no debería sorprenderte, dado que la mayoría de nosotros pasa más horas en el trabajo que en casa o en cualquier otro lugar. Los gerentes de contratación evalúan a los candidatos no sólo en base a sus habilidades, experiencia y conocimientos, sino también por qué tan bien esos candidatos encajarán, a su parecer, en la empresa. La compatibilidad, un factor con frecuencia pasado por alto, es esencial para que el ambiente laboral sea un ambiente positivo.

¿Cuáles son tus cualidades más fuertes?

Antes de considerar cualquier carrera, ocupación o incluso empleo particular, es una buena idea hacerte la siguiente pregunta: ¿cuáles son las características personales que necesita poseer una persona para tener éxito en este campo?

¿Necesitas ser preciso, agradable, flexible, enfocado, abierto o persuasivo? A continuación, enumera los adjetivos que mejor te describen. Ahora compara lo que requiere el empleo con tus rasgos personales. Cuanta mayor correspondencia haya, mejor encajarás en el puesto.

Desarrolla fuertes ejemplos para sostener o probar por qué eres el indicado para el puesto. Eso te dará confianza en tu capacidad para hacer el trabajo y esa actitud se manifestará en la entrevista. Estarás preparado para explicar cómo tu personalidad te hace el candidato correcto para el empleo.

¿Cómo te manejas?

Conseguir un empleo es una cosa. Conservarlo es algo por completo diferente. En muchos casos, no se despide a las personas por falta de conocimiento o habilidades, sino porque no supieron o no pudieron manejarse como corresponde. Es probable que al cajero de un banco que suele llegar tarde a trabajar lo despidan incluso si es aplicado en la realización de sus tareas. Con seguridad se despedirá a un vendedor que sea descortés o impaciente con los clientes incluso cuando conozca a la perfección la mercancía de la tienda. Un salvavidas que envíe mensajes de texto y hable por teléfono mientras esté en su turno estará buscando un nuevo empleo antes de que termine el verano. Las habilidades fuertes de manejo de uno mismo no solo son valiosas: son esenciales para los estudios y para el trabajo. Los docentes y los empleadores te enseñarán los aspectos específicos de una materia o de una tarea en un empleo, pero es menos probable que te enseñen a disciplinarte y manejarte.

¿Cómo describirías tu ética laboral? En otras palabras, ¿qué tipo de estudiante o trabajador eres? ¿Trabajas mucho, eres aplicado, digno de confianza, emprendedor, paciente, cooperativo, puntual, honesto? Piensa en tantas palabras como puedas para describirte a ti mismo. ¿Qué palabras utilizarías para describir tus cualidades positivas? ¿Y qué hay de tus cualidades no tan positivas? Sé sincero. Trabaja para mejorar tus aspectos y hábitos negativos. Acepta la responsabilidad de manejar tu tiempo y tu comportamiento. Desarrolla una ética laboral de la cual puedas estar orgulloso.

Ve preparado con pruebas y ejemplos

A pesar de que pueda resultarte fácil seleccionar palabras de una lista para describirte, necesitas poder dar ejemplos para demostrar que posees cada una de esas características particulares. La clave es la preparación. No subestimes la importancia de poder hablar con confianza sobre tus virtudes y cómo se relacionan con actividades escolares y empleos de medio tiempo específicos. Se elegirá para liderar el club o se contratará para hacer el trabajo a las personas que tengan, y puedan demostrar, que tienen las habilidades más firmes y las cualidades más relevantes. También serán las personas más satisfechas con sus decisiones.

Se sincero contigo mismo

Al tomar decisiones, en particular las relacionadas a carreras y ocupaciones, toma en consideración cómo las características de personalidad requeridas en diferentes ambientes laborales pueden reflejar o no las tuyas. Identifica tus rasgos de personalidad y tu estilo de manejo de ti mismo. ¿Qué alternativas ocupacionales encajarían mejor con tu personalidad? Las autoevaluaciones sinceras y completas son decisivas para el proceso de toma de decisiones si esperas lograr resultados favorables.

Preguntas para pensar

1   ¿Qué tiene que ver tu personalidad con tu elección de carrera?

2   ¿Cómo podrías averiguar qué personalidad encaja mejor con una ocupación específica?

3. ¿Cuáles de tus características personales podrían interesar a los empleadores?

4. ¿Qué ejemplos podrías dar para demostrar que tienes rasgos, virtudes y características específicos?

Tus comentarios

_____
_____
_____
_____
_____
_____
_____
_____
_____
_____

Cosas que necesitas hacer

_____
_____
_____
_____
_____
_____
_____
_____
_____

EVENTOS QUE CAMBIAN NUESTRAS VIDAS

La mayoría de nosotros atravesará uno o más eventos significativos y que cambian nuestras vidas a lo largo de nuestra existencia. Tal evento podría ser la muerte de un familiar, una enfermedad grave, un accidente o la pérdida de un amigo. Esos eventos cambian nuestras vidas porque son tan importantes que tienen un efecto duradero en los valores y la perspectiva de las personas. Con frecuencia, tales eventos son inesperados y pueden hundir a una persona en un período de inestabilidad y confusión. Sin advertencia, las personas pueden convertirse en víctimas de las circunstancias y sentir una pérdida completa de control. Es necesario tomar nuevas decisiones en un área importante de sus vidas o más y sus resultados afectarán sus vidas durante mucho tiempo en el futuro.

La manera en la cual reaccionan las personas durante esos tiempos difíciles puede afectar en cómo describen la vida que han vivido. A lo largo de los años, puedes encontrar que tienes que atravesar crisis y revaluar todas las áreas de tu vida para determinar qué ajustes necesitas hacer, en caso de que haya alguno por hacer. Mientras pasas de una fase de tu vida a otra, es posible que desees buscar ayuda que te facilite tomar las decisiones necesarias. Cualquiera que sea la causa, estos eventos representan desafíos considerables y nos exigen que tomemos decisiones a consciencia y hagamos elecciones con cuidado.

¿Cómo manejan las personas durante esos períodos de transición, la inestabilidad y la incertidumbre? ¿Cuánto tiempo dejan que pase antes de tomar medidas para recuperarse de las crisis? Las personas más consternadas y deprimidas pueden sentirse abrumadas y cada vez más inquietas a medida que aumenta su temor por el futuro. Simplemente no saben cómo tomar las decisiones importantes que necesitan para avanzar u optan por no tomarlas. En el caso de algunos, las consecuencias de no resolver este tipo de transición pueden ser más devastadoras que el evento mismo.

Avanzar

Todos viviremos períodos difíciles en nuestras vidas y los peores tendrán el mayor impacto en nuestras decisiones futuras. Sea la pérdida de una relación, tu padre o tu madre o un empleo, puedes recuperar el control de tu vida al tomar decisiones que te ayuden a avanzar. Por más difícil que pueda sonar, quedar atrapado en la pérdida demasiado tiempo tan solo dificultará más seguir adelante con tu vida. Si los vemos como oportunidades para revaluar algunas de las decisiones de vida que ya hemos seleccionado, podemos aprender de estos eventos emocionales importantes. Podemos optar por desarrollar nuevas relaciones, hacer cambios en los ambientes en los cuales vivimos, estudiamos o trabajamos o reconsiderar elecciones profesionales.

Pídeles a los adultos que te comenten sus propios momentos importantes, ocasiones en las cuales sus vidas hayan sufrido cambios abruptos y ellos se hayan visto forzados a tomar nuevas decisiones y encontrar nuevos rumbos. Sea por elección o por necesidad, cuando nos tomamos el tiempo para reevaluar las decisiones que hemos tomado, nos aproximamos más a concebir una mejor vida para nosotros mismos.

Preguntas para pensar

1. ¿Has vivido algún evento que haya cambiado tu vida?

2. ¿Qué nuevas decisiones tuviste que tomar como consecuencia de tal evento?

3. ¿Tomar nuevas decisiones te ayudó a recuperar una sensación de control sobre tu vida? ¿Cómo y por qué?

Tus comentarios

_____
_____
_____
_____
_____
_____
_____
_____
_____
_____

Cosas que necesitas hacer

_____
_____
_____
_____
_____
_____
_____
_____
_____

¡ES TU DECISIÓN!

Sin importar tu edad, si estás en la Secundaria o a punto de graduarte de la preparatoria, eligiendo una universidad, en busca de un empleo o dedicado a una carrera, las decisiones que tomes tienen una repercusión importante en la vida que estás creando para ti.

Decisiones importantes

No es demasiado pronto para que pienses en las áreas importantes de tu vida. ¿Cuáles áreas son las más importantes para ti en este preciso momento? ¿Estás satisfecho con las decisiones que has tomado en esas áreas? ¿Esas decisiones tuvieron los resultados que esperabas? ¿El cambio en alguna de esas áreas o en todas ellas te haría sentir mejor con respecto a tu vida en este momento? Ahora podría ser el momento perfecto para considerar decisiones anteriores y producir un cambio.

Compromiso con el aprendizaje

¿Qué tipo de estudiante eres? ¿Eres un alumno exitoso? ¿Cuánta educación más necesitarás para dedicarte a las carreras en las cuales estás interesado? La educación será un factor importante a la hora de determinar qué empleos y qué carreras tendrás disponibles. La educación te da opciones y oportunidades que no tendrás sin ella. Identifica las habilidades y el conocimiento que necesitarás para tener éxito en la carrera que elijas. Después, comprométete contigo mismo a obtener la capacitación, el certificado o el título que necesites para hacer realidad esa carrera.

Sea que elijas una carrera que esté en constante cambio o tengas un empleo que requiera conocimientos amplios en tecnología, podrás conservar tu empleo solo si obtienes la capacitación y la educación adicionales que se necesitan para mantenerte actualizado en tu campo. Con mucha frecuencia son los empleados que dejan de aprender los que pierden sus trabajos. Se les considera menos comprometidos, menos conocedores, menos hábiles y más prescindibles. Comprométete ahora con una vida de aprendizaje y tendrás mayores oportunidades de tener éxito.

Alternativas de carrera

¿Has pensado en algunas carreras que te suenan fascinantes o desafiantes? De no ser así, o si solo has identificado unas pocas, planea investigar con más seriedad. Busca información laboral en Internet. Haz un inventario de intereses en línea. Habla con tu consejero académico o con tus profesores. Cuando veas a personas en empleos que te gustaría tener, pregúntales sobre sus trabajos y sus carreras. Pueden contarte sobre los pros y los contras de sus empleos, ofrecerte información valiosa. Cuanto antes puedas relacionar lo que estés aprendiendo en la escuela con aquello a lo que podrías querer dedicarte después de graduarte, mejor estudiante serás. La educación te ayudará a alcanzar tus metas en el trabajo y en la vida. De todas las decisiones que tomes, ahora como adolescente e incluso más adelante como adulto, las relacionadas a tu educación tendrán repercusión en cada una del resto de las áreas de tu vida.

Tus relaciones y tu salud

Como adolescente, estás tomando decisiones sobre quiénes serán tus amigos y a quién elegirás para que sea importante en tu vida. Estás pensando en dónde querrás vivir y trabajar, cómo querrás pasar tu tiempo libre y cuánto tiempo y atención le dedicarás a tu salud y tu bienestar. Las selecciones que tomes en estas y otras áreas importantes de tu vida influirán su calidad general cuando seas adulto.

¡Comienza hoy!

Comienza hoy a tomar mejores decisiones como adolescente y tomarás mejores decisiones como adulto. A medida que aumenten tus responsabilidades en los años futuros, te convendrá tomar decisiones que generen la oportunidad de satisfacer tus necesidades y tus deseos. *Es Tu Decisión para Adolescentes* se escribió con un fin en mente: ayudar a los adolescentes a entender el proceso y el poder de tomar decisiones de manera adecuada. Con la práctica, el tiempo y esfuerzo aprenderás a tomar decisiones meditadas en las áreas importantes de tu vida. Desafíate a recopilar una serie de buenas decisiones para que un día, cuando reflexiones sobre tu vida y te preguntes: "¿qué tipo de vida he vivido?" tengas confianza para responder: "¡viví una vida *excelente!*" Recuerda, ¡es tu decisión!

💡 Preguntas para pensar

1. ¿Qué tipo de compromiso has hecho con tener éxito en tus estudios?

2. ¿Qué carreras has investigado?

3. ¿Cuáles de tus relaciones son las más importantes en tu vida?

4. ¿De qué manera estás cuidando tu salud?

5. ¿Qué estás haciendo para aprovechar al máximo tu tiempo libre?

6. De las decisiones importantes que has tomado, ¿cuáles han tenido los mejores resultados?

Tus comentarios

_____
_____
_____
_____
_____
_____
_____
_____
_____
_____
_____

Cosas que necesitas hacer

_____
_____
_____
_____
_____
_____
_____
_____
_____
_____

ACERCA DE LOS AUTORES

Al Foderaro y Denise Schmidt han asesorado y aconsejado a cientos de estudiantes durante más de treinta años. Además de haber escrito *Es Tu Decisión: Guía de Sentido Común para Tomar Mejores Decisiones,* son abiertos promotores de que las personas tomen el control de sus vidas al tomar mejores decisiones académicas, profesionales y personales. Han alentado y permitido a adolescentes y adultos de todas las edades a tomar decisiones importantes de la vida de maneras que han generado resultados favorables y positivos.

NOTAS

NOTAS

NOTAS

NOTAS

Notas

NOTAS

Notas

NOTAS